Navegación Segura y Seguridad del Correo Electrónico

Cómo Usar Internet Sin Ser Hackeado — Incluye Correo Electrónico Seguro, VPN y Herramientas de Navegación Privada

Por Joe Correa

Publicado por Live Stronger Faster

Este libro es solo para fines educativos e informativos. El autor y el editor no ofrecen asesoramiento legal, financiero ni profesional de ningún otro tipo. Los lectores deben consultar a un profesional calificado antes de tomar cualquier decisión financiera.

Primera Edición.

Tabla de Contenido

Introducción

En un mundo donde cada clic puede conducir a una filtración de datos y cada correo electrónico podría ser una estafa inteligentemente disfrazada, la navegación segura y la seguridad del correo electrónico ya no son opcionales: son esenciales.

Desde consultar el clima hasta administrar tu cuenta bancaria, la mayoría de nosotros vivimos gran parte de nuestras vidas en línea. Sin embargo, detrás de la comodidad y rapidez del mundo digital se esconden innumerables amenazas invisibles. Una sola red Wi-Fi no segura, un correo electrónico falsificado o una extensión de navegador comprometida pueden abrir la puerta al robo de identidad, al robo de datos financieros y a daños duraderos en tu vida digital.

Este libro es tu guía práctica y directa para navegar por internet con confianza y control. Ya seas un estudiante realizando investigaciones en línea, un trabajador remoto que administra datos sensibles de clientes o una persona jubilada que simplemente quiere revisar su correo electrónico de manera segura, esta guía es para ti.

Desglosaremos los riesgos comunes de la navegación diaria y el uso del correo electrónico, y te guiaremos a través de herramientas simples pero poderosas que ofrecen protección real. Descubrirás cómo:

- Usar navegadores centrados en la privacidad y configuraciones seguras
- Comprender la diferencia entre HTTP y HTTPS (y por qué es importante)
- Identificar y evitar sitios web maliciosos
- Configurar y administrar VPN para cifrar tu actividad en internet
- Utilizar plataformas de correo electrónico cifrado para comunicaciones sensibles
- Reconocer y bloquear correos de phishing y archivos adjuntos maliciosos
- Dominar complementos del navegador como bloqueadores de anuncios, bloqueadores de scripts y escudos de privacidad
- Aprovechar el modo incógnito de manera inteligente (y comprender sus límites)

También cubriremos qué no debes hacer: esos hábitos aparentemente inocentes en los que cae la mayoría de las personas y que pueden comprometer silenciosamente tu seguridad sin activar ninguna señal de alerta.

No necesitas ser un experto en tecnología para protegerte en línea. Todo lo que necesitas es conciencia, algunas herramientas y hábitos más inteligentes. Este libro te guiará paso a paso a través de todo el proceso.

Al final de este libro, sabrás cómo navegar con confianza, enviar correos electrónicos de manera segura y mantenerte varios pasos adelante de los ciberdelincuentes, sin sentirte abrumado por la jerga técnica.

Comencemos entendiendo qué está realmente en juego cada vez que abres tu navegador o haces clic en un correo electrónico, y cómo puedes empezar a proteger tu experiencia digital desde hoy.

Capítulo 1: Los Peligros Ocultos de la Navegación Diaria

Cada vez que abres una ventana del navegador —ya sea para revisar tu correo electrónico, comprar en línea, leer noticias o ver un video— estás entrando en un espacio digital lleno de riesgos invisibles. Internet es una red vasta e interconectada, y con esa comodidad también viene la exposición. Aunque muchas personas creen que las violaciones de ciberseguridad solo ocurren a corporaciones o a objetivos de alto valor para los hackers, la verdad es mucho más simple y preocupante: los usuarios comunes son las víctimas más fáciles y frecuentes.

Comencemos con uno de los riesgos más básicos y, al mismo tiempo, más ignorados: los sitios web que visitas. Cada sitio recopila algún tipo de información. Algunos utilizan análisis inofensivos para medir el rendimiento del sitio. Otros, sin embargo, realizan un seguimiento agresivo mediante cookies, huellas digitales del navegador o incluso scripts maliciosos. Si visitas un sitio que no está cifrado (sin HTTPS en la barra de direcciones), tus datos —búsquedas, credenciales de inicio de sesión o información financiera— pueden ser interceptados durante la transmisión, especialmente si utilizas una red Wi-Fi pública. Peor aún, muchos sitios alojan anuncios ocultos y ventanas emergentes que pueden redirigirte a páginas de phishing, iniciar descargas no deseadas o instalar malware en tu dispositivo sin que lo sepas.

Luego están las extensiones del navegador: esos pequeños complementos que instalas para bloquear anuncios, tomar notas o administrar contraseñas. Aunque algunas son realmente útiles, otras son auténticos caballos de Troya para el spyware. Pueden rastrear tu actividad, registrar tus pulsaciones de teclado o incluso acceder silenciosamente a tus credenciales bancarias. La mayoría de las personas nunca revisa los permisos de sus extensiones, dejando abiertas puertas traseras para actores maliciosos.

Las redes Wi-Fi públicas son otro depredador silencioso. En aeropuertos, cafeterías u hoteles, la comodidad del internet gratuito tiene un costo: estas redes suelen estar sin cifrar y son fáciles de comprometer. Los ciberdelincuentes con frecuencia crean puntos de acceso Wi-Fi falsos (llamados "evil twins" o "gemelos maliciosos") que parecen legítimos, pero están diseñados para monitorear o secuestrar tu actividad en internet. Una vez que te conectas, todo lo que envías —correos electrónicos, contraseñas o números de tarjetas de crédito— puede ser interceptado, a menos que utilices una VPN (Red Privada Virtual).

Otro gran riesgo es guardar automáticamente contraseñas en el navegador. Aunque parezca conveniente, muchos navegadores almacenan las credenciales en texto plano o con cifrado débil, lo que facilita que malware o software malicioso las extraigan. Utilizar un administrador de contraseñas dedicado es mucho más seguro.

Además, muchas personas subestiman la amenaza del malvertising: anuncios maliciosos mostrados en sitios web aparentemente confiables. Ni siquiera necesitas hacer clic para infectarte. Conocidos como descargas invisibles o "drive-by downloads", estos ataques aprovechan vulnerabilidades en tu navegador o complementos para instalar malware silenciosamente en tu sistema.

También existe la amenaza del fingerprinting del navegador, un método mediante el cual los sitios recopilan múltiples puntos de datos —como tamaño de pantalla, fuentes instaladas, tipo de navegador, zona horaria del sistema y más— para crear un perfil único. Esto les permite rastrearte incluso si utilizas modo incógnito o tienes las cookies deshabilitadas. La mayoría de las personas ni siquiera sabe que este nivel de seguimiento ocurre en segundo plano.

Entonces, ¿qué puedes hacer para protegerte de estos peligros ocultos?

1. Usa navegadores enfocados en la privacidad
   Cambia a navegadores como Brave, Mozilla Firefox o Tor Browser, que priorizan la privacidad del usuario. Estos navegadores bloquean rastreadores, scripts y cookies de terceros de forma predeterminada.
2. Verifica siempre que exista HTTPS
   Busca el ícono del candado y asegúrate de que el sitio use HTTPS antes de enviar cualquier información sensible.
3. Instala extensiones enfocadas en seguridad
   Utiliza extensiones confiables como uBlock Origin, HTTPS Everywhere y Privacy Badger.
4. Usa el modo privado o incógnito de manera inteligente
   Estos modos evitan el rastreo local (como el historial del navegador), pero no te protegen del seguimiento realizado por sitios web o proveedores de internet. Combínalos con VPN para mayor protección.
5. Evita el Wi-Fi público sin una VPN
   Si debes usar Wi-Fi público, activa siempre una VPN para cifrar tu tráfico y evitar espionaje.
6. No guardes contraseñas en tu navegador
   Usa administradores de contraseñas cifrados como Bitwarden, 1Password o Dashlane.
7. Revisa y elimina extensiones regularmente
   Revisa tus extensiones al menos una vez al mes. Elimina

cualquier complemento que ya no utilices o en el que no confíes completamente.

8. Mantente actualizado
   Mantén tu navegador, extensiones y complementos actualizados. El software desactualizado representa un gran riesgo de seguridad.

La navegación segura no se trata de paranoia, sino de estar informado. Al comprender los peligros cotidianos y tomar medidas preventivas, puedes navegar por internet con confianza y mantenerte fuera de peligro.

El Clic Que Lo Cambió Todo

Era un lunes por la mañana cuando Lily abrió su laptop, tomó un sorbo de café y se preparó para lo que pensaba que sería un día normal de trabajo. Era diseñadora freelance, trabajaba desde casa y utilizaba internet constantemente: para investigar tendencias, acceder a archivos de clientes y administrar sus finanzas. Su rutina era como la de millones de personas: abrir el navegador, revisar el correo y quizá pedir almuerzo desde su sitio favorito.

Pero esa mañana hizo clic en un enlace que lo cambió todo.

El correo parecía provenir de su banco. El logotipo era perfecto. El asunto decía: "Actividad Sospechosa Detectada –

Verificación Inmediata Requerida". Incluso incluía su nombre. Sin pensarlo demasiado, hizo clic en el botón del mensaje, que abrió una página de inicio de sesión idéntica al sitio oficial de su banco. Escribió sus credenciales.

No pasó nada.

Actualizó la página. Se agotó el tiempo de carga.

Pensó que era un error y siguió con su día. Pero 20 minutos después recibió una alerta de texto de su banco real: "Retiro de $5,000 completado".

El pánico la invadió. Abrió la aplicación bancaria y vio tres transacciones no autorizadas que estaban vaciando su cuenta. Llamó al banco. Bloquearon su cuenta e iniciaron una investigación, pero el daño ya estaba hecho.

Lo que Lily no sabía era que el correo no provenía de su banco; era una estafa de phishing. El sitio donde ingresó sus datos era una copia casi perfecta diseñada para capturar sus credenciales y enviarlas directamente a un ciberdelincuente al otro lado del mundo.

Y eso no era todo.

El atacante también había instalado un script malicioso que registraba sus pulsaciones de teclado. Durante las siguientes horas, obtuvieron acceso a su correo, a su cuenta de PayPal e incluso a su almacenamiento en la nube. Era un secuestro digital completo.

Más tarde, cuando un amigo experto en tecnología la ayudó, descubrieron que su navegador tenía 17 extensiones instaladas, muchas de las cuales ni siquiera recordaba haber agregado. Una de ellas rastreaba silenciosamente su actividad y la compartía con anunciantes externos y posiblemente actores maliciosos.

Peor aún, guardaba sus contraseñas directamente en el navegador. El atacante ni siquiera necesitó descifrarlas; simplemente las extrajo con un script sencillo. Su vida digital había quedado completamente expuesta.

Lily pasó semanas solucionando el desastre: congelando cuentas, presentando reportes de fraude, cambiando contraseñas y haciendo denuncias policiales. Pero el impacto emocional fue igual de fuerte. Se sintió violada, expuesta y vulnerable.

La experiencia fue una llamada de atención. Cambió a Brave como navegador, instaló uBlock Origin y Privacy Badger, comenzó a usar una VPN y movió todas sus contraseñas a

Bitwarden. Eliminó todas las extensiones innecesarias y aprendió a detectar intentos de phishing con más cuidado.

Mirando hacia atrás, se dio cuenta de cómo hábitos simples —guardar contraseñas en el navegador, hacer clic en correos sin verificar el remitente o ignorar advertencias del navegador— habían creado la tormenta perfecta.

Ahora, Lily enseña a otros sobre seguridad digital. Su historia es un recordatorio: no necesitas ser un objetivo específico de un hacker para convertirte en víctima. A veces, todo lo que hace falta es un solo clic.

Capítulo 2: Comprendiendo las Conexiones Seguras (HTTPS, SSL y VPN)

Cuando navegas por internet, uno de los aspectos más importantes —y a la vez más ignorados— de la seguridad es cómo se establece tu conexión. La forma en que los datos viajan desde tu dispositivo hacia un sitio web y regresan puede proteger tu privacidad o exponerla por completo. Este capítulo explica qué hace que una conexión sea segura, cómo reconocer conexiones seguras e inseguras y las herramientas esenciales como HTTPS, certificados SSL y VPN que ayudan a proteger tu actividad en línea.

Comencemos con una idea equivocada muy común: muchas personas asumen que, si un sitio web se ve profesional o carga rápidamente, debe ser seguro. Desafortunadamente, esto no siempre es cierto. Muchos sitios fraudulentos y de phishing imitan páginas legítimas para engañar a los usuarios y hacer que ingresen información personal. El primer indicador confiable de que un sitio es seguro es verificar si utiliza HTTPS y no solo HTTP.

¿Qué es HTTPS?

HTTPS significa "Hypertext Transfer Protocol Secure" (Protocolo Seguro de Transferencia de Hipertexto). Es la versión cifrada de HTTP, el protocolo utilizado para transferir datos entre tu navegador y el sitio web que visitas. La "S" al final significa que la comunicación está protegida mediante cifrado SSL/TLS. Cuando ves un ícono de candado en la barra de direcciones del navegador, significa que el sitio utiliza HTTPS y que tus datos se transmiten de manera segura.

Sin HTTPS, cualquier información que ingreses —números de tarjeta de crédito, datos de inicio de sesión o mensajes personales— puede ser interceptada y leída en texto plano, especialmente en redes públicas. Esto significa que ciberdelincuentes conectados a la misma red Wi-Fi podrían ver lo que escribes, descargas o envías.

El Rol de los Certificados SSL/TLS

SSL (Secure Sockets Layer) y su sucesor TLS (Transport Layer Security) son las tecnologías detrás de HTTPS. Funcionan cifrando los datos enviados, verificando la identidad del sitio web y asegurando que la información no sea manipulada durante la transmisión.

Cuando un sitio tiene un certificado SSL válido, significa que el propietario del dominio pasó por un proceso de verificación con una autoridad certificadora. Esto no garantiza que el siti sea 100% seguro (ya que los estafadores también puede adquirir certificados), pero agrega una capa adicional d legitimidad y protección.

Para verificar un certificado tú mismo:

- Haz clic en el ícono del candado en la barra de direcciones.
- Revisa los detalles del certificado para ver quién lo emitió y cuándo expira.
- Asegúrate de que la URL coincida exactamente; presta atención a engaños sutiles como “amazon.com” o “gooogle.co”.

Por Qué el Wi-Fi Público Es Especialmente Peligroso

Las redes Wi-Fi públicas —presentes en aeropuertos bibliotecas, cafeterías y hoteles— son conocidas por se riesgosas. Incluso cuando requieren contraseña, muchas vece no cifran la comunicación entre dispositivos dentro de l misma red. Esto permite ataques “man-in-the-middle (MITM), donde un hacker se posiciona entre tú e internet par interceptar o manipular el tráfico.

Aquí es donde una VPN (Red Privada Virtual) se vuelv fundamental.

¿Qué es una VPN?

Una VPN crea un “túnel” cifrado y seguro entre tu dispositivo y un servidor privado antes de conectarte al resto de internet. Esto significa que tu proveedor de internet, el administrador de la red local o cualquier hacker espiando tu tráfico Wi-Fi no podrá ver qué sitios visitas, qué haces o qué información envías.

Piensa en ello como un manto de invisibilidad para tu actividad en internet. Incluso si estás conectado a una red pública comprometida, una VPN oculta tu dirección IP real y protege todo el tráfico contra espionaje o interceptación.

Sin embargo, no todas las VPN son iguales. Algunas VPN gratuitas recopilan tus datos y los venden a terceros, anulando por completo el propósito de utilizarlas. Es recomendable usar proveedores confiables y con políticas “no-log”, como:

- NordVPN
- ExpressVPN
- Proton VPN
- Surfshark

Cuándo Debes Usar una VPN

- Siempre que uses Wi-Fi público

- Al acceder a información sensible (banca, portales médicos, documentos privados)
- Para evitar seguimiento basado en ubicación
- Para saltar restricciones geográficas o censura
- Al descargar archivos de fuentes desconocidas

Aun así, una VPN por sí sola no te protege de todo. Por ejemplo, no impedirá que hagas clic en un enlace de phishing o ingreses tu contraseña en un sitio falso. Su función principal es mantener tu conexión privada y cifrada.

Lista de Verificación para una Navegación Segura

Aquí tienes una lista práctica que puedes comenzar a usar desde hoy:

- Introduce información sensible únicamente en sitios HTTPS.
- Verifica siempre la ortografía del dominio antes de iniciar sesión.
- No confíes en la apariencia de un sitio; revisa el certificado.
- Usa una VPN cuando estés en redes públicas o desconocidas.
- Nunca ignores advertencias del navegador como “tu conexión no es privada”.

- Activa DNS sobre HTTPS (DoH) en tu navegador o sistema operativo.
- Usa proveedores DNS enfocados en seguridad como Cloudflare (1.1.1.1) o Google DNS (8.8.8.8).

Internet no es inherentemente peligroso; lo peligroso es confiar ciegamente. Cuando entiendes cómo funciona tu conexión y tomas las precauciones adecuadas, recuperas el control. Las herramientas existen; tu responsabilidad es utilizarlas.

El Candado Que No Estaba Allí

A Derek le encantaba trabajar de forma remota. Su trabajo como consultor de marketing le permitía viajar y trabajar desde cualquier lugar con Wi-Fi. Esa mañana estaba sentado en una encantadora cafetería parisina, tomando espresso mientras revisaba correos electrónicos y paneles de clientes. El aroma de los croissants llenaba el aire y la música jazz sonaba suavemente de fondo. Parecía el equilibrio perfecto entre productividad y aventura.

Pero Derek estaba siendo observado.

No por alguien dentro del café. Ni siquiera por alguien cercano. Sino por una persona que silenciosamente se había insertado en su conexión: un ciberdelincuente ejecutando un ataque “man-in-the-middle” desde la calle de enfrente. El atacante había creado un punto de acceso falso llamado “LeCafe_Free_WiFi”, casi idéntico a la red real del establecimiento. Derek, como muchas personas, eligió la señal más fuerte sin cuestionar su origen.

Minutos después, Derek abrió lo que parecía ser el sitio web de su banco para revisar una transferencia reciente. La página cargó perfectamente. El logotipo era correcto. La tipografía coincidía. El formulario de acceso era idéntico.

Pero faltaba algo pequeño.

No había ningún candado junto a la URL.

No se dio cuenta. Introdujo su usuario y contraseña sin pensarlo. En menos de cinco segundos, esas credenciales estaban en manos de alguien con acceso total a su vida financiera.

Luego, Derek visitó su plataforma CRM para revisar campañas publicitarias de clientes. Nuevamente, el atacante —que estaba observando y redirigiendo su tráfico— capturó la sesión. El panel que Derek veía parecía real, pero era una copia perfecta generada por el atacante. La única diferencia: no utilizaba HTTPS.

El error de Derek no fue ignorancia. Era una persona con conocimientos tecnológicos. Utilizaba autenticación en dos pasos, contraseñas complejas y evitaba enlaces sospechosos. Pero ese día no verificó HTTPS. No entendía cuán vulnerable podía ser una conexión pública. Y nunca había usado una VPN.

Esa noche, mientras esperaba un tren, recibió una alerta bancaria: "Inicio de sesión inusual detectado desde Bielorrusia. ¿Fuiste tú?" Miró la pantalla confundido. Su corazón se aceleró. Luego llegó otra alerta: "Transferencia bancaria de $12,500 iniciada".

Entró en pánico.

Intentó iniciar sesión, pero ya era tarde. El atacante había cambiado su contraseña y configurado otro método de autenticación. El banco inició un largo proceso para congelar la cuenta. Pero el delincuente ya había actuado rápidamente: transfirió fondos, intentó acceder a inversiones y descargó la lista de contactos de clientes desde el CRM.

Con cada nueva alerta, Derek sentía cómo su vida profesional y personal se desmoronaban. Todo había comenzado por una conexión insegura, algo que nunca pensó en cuestionar.

Pasó la siguiente semana intentando reparar el daño: reclamaciones de fraude, explicaciones a clientes e instalación de nuevas medidas de seguridad. Pero la confianza perdid con sus clientes fue mucho más difícil de recuperar qu cualquier contraseña.

Desde ese momento, Derek cambió por completo.

Compró una VPN confiable y la configuró para activars automáticamente cuando se conectara fuera de casa. Instal HTTPS Everywhere en su navegador y comenzó a revisa certificados manualmente antes de ingresar credenciales Cambió a un proveedor DNS seguro y activó DNS sobr HTTPS para evitar espionaje a nivel DNS. Incluso creó un lista de verificación que seguía cada vez que abría su laptop.

Ahora, antes de conectarse a una red Wi-Fi, pregunta a personal cuál es el nombre exacto de la red. Nunca inici sesión en cuentas críticas en lugares públicos sin una VPN. enseña a amigos y colegas cómo evitar cometer el mismo error

¿La lección más importante?

Son los pequeños detalles los que te ponen en riesgo.

Un candado ausente. Una red insegura. Un momento de rutin que se convierte en una pesadilla digital.

Derek no era descuidado; simplemente no sabía qué debía observar. Pero una vez que lo aprendió, sus hábitos cambiaron para siempre.

Capítulo 3: Reconocer y Evitar Correos Electrónicos de Phishing

El phishing es el método más común y efectivo que utilizan los ciberdelincuentes para robar información personal, credenciales de acceso y datos financieros. A pesar del aumento en la concientización, millones de personas siguen cayendo víctimas de estafas de phishing cada año. ¿Por qué? Porque los correos de phishing son cada vez más inteligentes, más convincentes y mejores para superar tanto nuestras defensas digitales como psicológicas.

En este capítulo aprenderás qué es realmente el phishing, cómo reconocerlo y, lo más importante, cómo defenderte. Una vez que entiendas las tácticas utilizadas por los atacantes, podrás identificar señales de alerta de inmediato y evitar errores costosos.

¿Qué es el Phishing?

El phishing es una forma de ingeniería social en la que un ciberdelincuente se hace pasar por una entidad confiable —como tu banco, tu proveedor de correo electrónico, un servicio de entrega o incluso tu jefe— para engañarte y hacer que hagas clic en un enlace, abras un archivo adjunto o entregues información sensible. Estos correos están diseñados para generar urgencia o miedo, haciendo que actúes sin pensar.

Algunos mensajes de phishing están mal redactados y son fáciles de detectar. Otros son sofisticados, visualmente idénticos a correos legítimos y casi imposibles de distinguir sin atención cuidadosa. En los últimos años, el spear-phishing (phishing dirigido) y el clone phishing (copias de correos reales con enlaces maliciosos) se han vuelto más comunes, haciendo que los ataques sean aún más difíciles de identificar.

Técnicas Comunes de Phishing

Páginas de Inicio de Sesión Falsas
El correo contiene un enlace a un sitio falso que parece idéntico a un portal legítimo —como tu banco, Google o Amazon. Cuando ingresas tus credenciales, estas son capturadas por el atacante.

Malware Mediante Archivos Adjuntos
Recibes un PDF, documento Word o archivo ZIP aparentemente inofensivo. Una vez abierto, instala malware o spyware en tu dispositivo, a veces sin que lo notes.

Compromiso de Correo Empresarial (BEC)
Recibes un mensaje urgente que parece provenir de tu jefe solicitando una transferencia bancaria o información

confidencial. Los atacantes suelen falsificar direcciones de correo reales o crear versiones casi idénticas.

Estafas de Entrega y Pago

Actualizaciones falsas de envíos, recordatorios de facturas o confirmaciones de pago conducen a sitios de phishing o descargas maliciosas.

Advertencias de "Suspensión de Cuenta"

Te informan que tu cuenta será desactivada si no actúas de inmediato. Estos mensajes juegan con el miedo y suelen incluir un enlace para "resolver" el problema entregando tu información.

Cómo Detectar un Correo de Phishing

Aunque algunos correos son sofisticados, la mayoría aún contiene pistas claras. Busca lo siguiente:

- Saludos genéricos como "Estimado Cliente" en lugar de tu nombre
- Direcciones de remitente sospechosas, como service@g00gle-security.com en lugar de support@google.com
- Errores ortográficos o gramaticales
- Lenguaje urgente o amenazante como "¡Tu cuenta será eliminada en 24 horas!"

- Enlaces sospechosos —coloca el cursor sobre el enlace sin hacer clic para ver el destino real
- Archivos adjuntos inesperados
- Inconsistencias en logotipos o diseño visual

Buenas Prácticas de Seguridad para el Correo Electrónico

1. No Hagas Clic – Verifica Primero
   Si recibes un correo solicitando información personal, no hagas clic en el enlace. Abre una nueva pestaña y visita el sitio manualmente.
2. Usa Filtros de Correo y Protección Antispam
   La mayoría de los servicios ofrecen protección contra phishing. Asegúrate de que esté activada. Servicios como Google Gmail y Microsoft Outlook filtran muchos ataques, aunque nada es perfecto.
3. Activa la Autenticación de Dos Factores (2FA)
   Incluso si alguien roba tu contraseña, necesitará un segundo método de autenticación. Usa aplicaciones como Google Authenticator en lugar de SMS cuando sea posible.
4. Reporta Correos Sospechosos
   Marca correos fraudulentos como spam y notifícalos a tu proveedor de correo.
5. Capacítate a Ti y a Tu Equipo

Si administras un negocio, asegúrate de que todos sepan identificar correos fraudulentos.

6. Evita Descargar Archivos Desconocidos
   Nunca abras archivos adjuntos de remitentes no verificados.
7. No Respondas a Correos de Phishing
   Responder confirma que tu dirección está activa y puede convertirte en un objetivo mayor.

Herramientas Avanzadas para Proteger tu Correo

Si deseas una protección adicional, considera:

- MailWasher o SpamTitan para filtrar mensajes maliciosos
- Gateways de correo "Zero Trust" utilizados por empresas
- Llaves físicas de seguridad como YubiKey o Titan Key para autenticación fuerte

Reflexión Final

Los ataques de phishing funcionan no porque la tecnología sea superior, sino porque explotan la naturaleza humana: miedo, urgencia y deseo de obedecer. Cuando reemplazas la reacción emocional por conciencia y precaución, el phishing pierde gran parte de su poder.

La próxima vez que recibas un mensaje inesperado pidiéndote hacer clic o verificar una cuenta, detente. Respira. Pasa el cursor sobre los enlaces. Revisa el remitente. Y si tienes dudas, ve directamente a la fuente oficial.

"Haga Clic Aquí Para Evitar la Suspensión"

Jasmine acababa de regresar del almuerzo cuando vio un correo marcado en rojo en la parte superior de su bandeja de entrada. El asunto decía: "Acción Requerida: Su Cuenta Será Suspendida en 24 Horas".

Sintió un vacío en el estómago.

Había usado esa cuenta de almacenamiento en la nube durante años. Allí guardaba documentos fiscales, fotografías personales y archivos importantes. El correo parecía legítimo. El logotipo era claro. El formato era profesional. Su nombre aparecía en el saludo. Y, lo más importante, transmitía esa peligrosa combinación de urgencia y autoridad.

El mensaje decía:

"Estimada Jasmine: Hemos detectado actividad sospechosa en su cuenta y, como medida preventiva, hemos restringido temporalmente el acceso. Verifique sus credenciales inmediatamente para evitar una suspensión permanente. Haga clic aquí para resolver este problema."

Ella hizo clic. Se abrió una página de inicio de sesión.

Los colores eran idénticos a los del portal real. La dirección web parecía correcta —aunque tenía una letra distinta. No lo notó. Escribió su correo y contraseña.

La página se actualizó y luego la redirigió al sitio verdadero.

Confundida, Jasmine pensó que el problema estaba resuelto. Cerró su laptop y siguió trabajando.

Pero, en segundo plano, sus credenciales ya estaban siendo utilizadas. El atacante ingresó a su cuenta desde una dirección IP en Vietnam. Una vez dentro, comenzó a descargar documentos personales, exportar fotos y buscar archivos útiles para robo de identidad.

A la mañana siguiente, Jasmine recibió otro correo, esta vez del proveedor legítimo. Informaba que su cuenta había iniciado sesión desde múltiples ubicaciones extranjeras y que el acceso había sido suspendido temporalmente.

Fue entonces cuando comprendió.

El primer correo era una estafa.

Entró en pánico. Llamó al servicio al cliente y pasó más de una hora verificando su identidad para recuperar acceso. Para entonces, algunos archivos ya habían sido copiados.

Durante semanas tuvo que lidiar con las consecuencias: cambiar contraseñas, activar monitoreo de crédito e incluso congelar su historial crediticio después de que alguien intentara abrir una tarjeta a su nombre.

Lo peor es que pudo haberse evitado.

Más tarde, con ayuda de un especialista en ciberseguridad, identificó las señales que había ignorado:

- El remitente era accounts@storageline-security.com y no el dominio oficial
- El enlace conducía a storagelne.com (con una "l" en lugar de una "i")
- El sitio no tenía candado HTTPS
- El mensaje utilizaba urgencia y miedo

Después del incidente, Jasmine cambió sus hábitos. Instaló filtros de correo, comenzó a usar un administrador de contraseñas y activó autenticación de dos factores en todas sus cuentas importantes.

También adoptó una nueva regla: nunca hacer clic en enlaces

enviados por correo; siempre ingresar directamente al sitio web.

La historia de Jasmine no es rara. Los correos de phishing no engañan únicamente a personas descuidadas. Engañan a personas inteligentes, ocupadas y confiadas.

Porque no están diseñados para romper firewalls, sino para manipular la mente humana.

Ahora, cuando alguien le reenvía un correo extraño preguntando: "¿Esto parece legítimo?", ella sabe qué hacer. Revisa el remitente, pasa el cursor sobre los enlaces, analiza el tono y verifica el dominio.

Ya no entra en pánico. Investiga.

Porque una vez que has sido víctima de phishing, nunca vuelves a mirar tu bandeja de entrada de la misma manera.

Capítulo 4: Dominando las Herramientas y Configuraciones de Privacidad del Navegador

Tu navegador es tu puerta de entrada a internet, pero también puede convertirse en tu mayor vulnerabilidad. Cada sitio web que visitas, cada formulario que completas y cada clic que haces puede ser rastreado, registrado y explotado si no utilizas las herramientas y configuraciones adecuadas. Afortunadamente, los navegadores modernos incluyen diversas funciones integradas y complementos diseñados para proteger tu privacidad y seguridad. La clave está en saber cuáles usar y cómo configurarlos correctamente.

En este capítulo aprenderás cómo convertir tu navegador de una fuente potencial de filtración de datos en un escudo poderoso para navegar de forma segura y privada. Desde bloquear rastreadores hasta activar herramientas anti-fingerprinting, cubriremos todo lo necesario para crear una configuración endurecida que trabaje a tu favor y no en tu contra.

Paso 1: Elige un Navegador Enfocado en la Privacidad

No todos los navegadores son iguales. Algunos, como Google Chrome, son rápidos y ampliamente compatibles, pero están profundamente integrados en ecosistemas de recopilación de datos. Otros, como Brave, Mozilla Firefox y Tor Browser, están diseñados con la privacidad como prioridad.

Algunas de las mejores opciones incluyen:

- Brave: Bloquea anuncios y rastreadores por defecto, ofrece mejoras automáticas a HTTPS e incluye una ventana Tor integrada para navegación anónima.
- Mozilla Firefox: Altamente configurable, de código abierto y con protección avanzada contra rastreo y fingerprinting.
- Tor Browser: Enruta el tráfico a través de la red Tor para máximo anonimato, aunque puede reducir la velocidad de navegación.

Paso 2: Refuerza la Configuración del Navegador

Independientemente del navegador que elijas, es esencial modificar la configuración de privacidad y seguridad. Muchos navegadores priorizan la comodidad por encima de la protección.

Configura lo siguiente:

- Desactiva las cookies de terceros: Son las principales herramientas de seguimiento utilizadas por anunciantes.
- Desactiva el autocompletado de contraseñas, tarjetas y formularios: Estos datos pueden ser robados mediante scripts maliciosos.
- Bloquea ventanas emergentes y redirecciones: Se usan con frecuencia en ataques de phishing y malvertising.
- Borra historial y caché al cerrar el navegador: Reduce el rastreo entre sesiones.
- Activa solicitudes "Do Not Track": Aunque no siempre se respetan, pueden ayudar.
- Fuerza el uso de HTTPS siempre que sea posible.

Paso 3: Instala Extensiones de Privacidad

Agregar algunas extensiones clave puede aumentar considerablemente tu protección. Las herramientas adecuadas bloquean scripts maliciosos, reducen el seguimiento y disminuyen tu huella digital.

Recomendaciones principales:

- uBlock Origin: Bloqueador de anuncios ligero y potente que también filtra dominios maliciosos.

- Privacy Badger: Aprende a bloquear rastreadores automáticamente con el tiempo.
- HTTPS Everywhere: Fuerza conexiones cifradas siempre que estén disponibles.
- NoScript: Bloquea JavaScript por defecto. Muy seguro, aunque puede afectar algunos sitios.
- Decentraleyes: Reduce el seguimiento mediante redes de distribución de contenido.
- Cookie AutoDelete: Elimina automáticamente cookies innecesarias al cerrar pestañas.

Consejo: No sobrecargues tu navegador con demasiadas extensiones. Esto puede ralentizarlo y generar nuevas vulnerabilidades.

Paso 4: Protégte Contra el Fingerprinting del Navegador

Incluso si bloqueas cookies y borras el historial, los sitios aún pueden rastrearte mediante fingerprinting: un método que identifica tu dispositivo según su configuración única.

Para reducir tu huella digital:

- Usa navegadores con protección integrada como Mozilla Firefox o Tor Browser.
- Instala herramientas como CanvasBlocker.
- Evita extensiones con permisos excesivos.

- Mantén configuraciones estándar y evita personalizaciones innecesarias.

Paso 5: Usa Navegación Privada o Incógnita (Pero Comprende sus Límites)

La navegación privada o incógnita es útil, pero no te vuelve invisible. Solo evita que el navegador guarde historial, cookies y datos locales.

Para mayor protección:

- Combínala con una VPN para ocultar tu IP y cifrar el tráfico.
- Activa extensiones de privacidad también en modo incógnito.
- No asumas anonimato total solo porque el historial no se guarda.

Paso 6: Mantén tu Navegador Actualizado

Los ciberdelincuentes aprovechan vulnerabilidades en software desactualizado. Esto incluye tanto el navegador como las extensiones.

Siempre:

- Activa actualizaciones automáticas.

- Elimina extensiones que ya no utilices.
- Revisa actualizaciones manualmente de forma periódica.

Hábitos Finales para la Seguridad del Navegador

- Usa navegadores enfocados en privacidad como Brave o Mozilla Firefox.
- Ajusta configuraciones para bloquear rastreadores y cookies.
- Instala extensiones clave como uBlock Origin y Privacy Badger.
- Desconfía de nuevas extensiones.
- No hagas clic en pop-ups sospechosos.
- Borra tus datos de navegación regularmente.
- Evita iniciar sesión en cuentas personales desde sitios riesgosos.

Tu navegador es mucho más que una herramienta: es tu primera línea de defensa en un mundo digital lleno de riesgos. Protégelo, monitóréalo y úsalo con inteligencia.

La Extensión Que Lo Vigilaba Todo

Maya era investigadora en una organización sin fines de lucro enfocada en políticas climáticas. Su trabajo requería navegar por cientos de sitios diariamente, descargar informes y gestionar comunicaciones sensibles. Se consideraba una persona consciente de la tecnología: usaba contraseñas fuertes, mantenía el software actualizado e incluso había convencido a su equipo de utilizar un administrador de contraseñas.

Pero un día, todo cambió.

Todo comenzó con una sola extensión del navegador.

Maya la instaló impulsivamente. Prometía capturar pantallas completas de artículos, algo que hacía constantemente. La extensión tenía cientos de reseñas positivas y parecía inofensiva.

Lo que no sabía era que solicitaba permisos mucho más amplios de lo necesario. Podía "leer y modificar todos los datos de los sitios que visitas". Y aunque funcionaba correctamente para capturar imágenes, hacía mucho más en segundo plano.

Durante semanas, esa extensión rastreó silenciosamente cada sitio que Maya visitaba, registró pulsaciones de teclado, monitoreó descargas y guardó búsquedas. Incluso identificaba patrones relacionados con correos electrónicos, contraseñas y números de tarjetas.

Toda esa información era enviada a un servidor remoto.

La filtración no era obvia. Su navegador funcionaba bien. Nada fallaba. No aparecían alertas. Era vigilancia silenciosa.

La primera señal llegó cuando un periodista la llamó.

"Hola Maya, ¿este informe realmente proviene de tu organización?" preguntó.

Le envió un PDF que parecía ser un borrador de un documento en el que ella trabajaba, pero había sido alterado. Algunos gráficos habían sido reemplazados y el resumen tenía un tono manipulado.

Fue entonces cuando Maya investigó.

Ejecutó análisis de seguridad sin resultados. Luego revisó el navegador.

Allí encontró la extensión.

No era técnicamente malware, pero los permisos y el tráfico saliente revelaban algo sospechoso.

Descubrieron que la extensión enviaba información a un servidor en Europa del Este. Las capturas incluían enlaces privados de reuniones, documentos internos y propuestas confidenciales.

Maya reportó inmediatamente el incidente. La organización inició una investigación y contrató especialistas externos.

El daño no fue devastador, pero sí real.

Después de eso, Maya cambió por completo sus hábitos.

Eliminó todas las extensiones innecesarias. Cambió de Google Chrome a Mozilla Firefox. Instaló uBlock Origin, Privacy Badger y HTTPS Everywhere. Activó funciones anti-fingerprinting y comenzó a borrar cookies y caché regularmente.

Pero lo más importante fue que comenzó a leer cuidadosamente cada permiso solicitado por cualquier extensión.

Ahora, antes de instalar una herramienta nueva, investiga al desarrollador, revisa reseñas y analiza qué datos recopila.

Maya sigue creyendo en internet como una herramienta positiva, pero también sabe que puede volverse peligrosa en un instante.

Su conclusión fue simple:

"Que algo sea fácil de instalar no significa que sea seguro confiar en ello."

Y desde ese momento, dejó de ser solo investigadora para convertirse también en la guardiana digital de la organización.

Capítulo 5: Cifrado de Correo Electrónico, Plataformas Seguras y Hábitos Inteligentes al Enviar Mensajes

El correo electrónico es una de las herramientas de comunicación más antiguas y utilizadas en internet, pero también es una de las más vulnerables. Cada día, millones de personas envían información sensible como números de seguro social, contratos legales, documentos financieros y credenciales de acceso sin pensarlo dos veces. Sin embargo, por defecto, el correo electrónico no es completamente seguro. Si no tomas medidas proactivas para proteger tus mensajes, estos pueden ser interceptados, leídos, modificados o incluso utilizados en tu contra.

Este capítulo explora cómo hacer que tus correos electrónicos sean más seguros mediante cifrado, plataformas inteligentes y hábitos de envío más conscientes. Ya sea que compartas datos personales, archivos comerciales o documentos médicos, esta guía te ayudará a garantizar que solo el destinatario previsto pueda acceder a la información.

El Problema del Correo Electrónico Tradicional

La mayoría de los proveedores de correo —como Google Gmail, Yahoo o Microsoft Outlook— utilizan un protocolo llamado SMTP (Simple Mail Transfer Protocol) para enviar mensajes. Aunque estos servicios ofrecen cierto nivel de cifrado durante el tránsito, esto no significa que el contenido esté protegido de extremo a extremo.

Esto implica que:

- Tu correo puede almacenarse en texto plano en un servidor.
- Administradores o atacantes que accedan a ese servidor podrían leer tus mensajes.
- Si un correo se reenvía o se guarda sin cifrado, queda expuesto.

Además, los archivos adjuntos —como PDFs o hojas de cálculo— suelen permanecer sin protección, convirtiéndose en objetivos fáciles durante filtraciones o ataques.

¿Qué es el Cifrado de Correo Electrónico?

El cifrado protege el contenido de tus mensajes para que solo tú y el destinatario puedan leerlo. Incluso si alguien intercepta el mensaje, solo verá texto ilegible sin la clave adecuada.

Existen dos tipos principales:

Cifrado TLS (Transport Layer Security)

Es el nivel básico utilizado por la mayoría de proveedores. Protege el correo mientras viaja entre servidores, pero no necesariamente después de llegar.

Cifrado de Extremo a Extremo (E2EE)

Garantiza que únicamente el remitente y el destinatario puedan leer el mensaje. Ni siquiera el proveedor de correo puede acceder al contenido.

Plataformas como Proton Mail, Tutanota y extensiones como FlowCrypt ofrecen este nivel de protección.

Proveedores de Correo Seguro

Si envías contenido sensible regularmente, considera utilizar servicios diseñados para privacidad:

- Proton Mail (Suiza): Ofrece cifrado E2EE, correos autodestructivos y tecnología de código abierto.
- Tutanota (Alemania): Cifrado automático, calendarios seguros y sin publicidad.
- Mailfence (Bélgica): Alternativa sólida con gestión integrada de claves.

Aun puedes enviar correos cifrados a usuarios de Gmail u Outlook, aunque puede requerirse contraseña temporal o enlace seguro.

Cómo Cifrar Archivos Adjuntos

Aunque tu plataforma sea segura, los archivos pueden no estar protegidos.

Opciones recomendadas:

- Utiliza 7-Zip o WinRAR para comprimir y cifrar archivos con contraseña.
- Convierte documentos en PDFs protegidos con contraseña.
- Usa enlaces cifrados mediante almacenamiento seguro como Proton Drive o Google Drive con acceso restringido.

Importante: Nunca envíes la contraseña en el mismo correo. Usa otro canal, como mensaje de texto o llamada.

Hábitos Inteligentes al Enviar Correos

Incluso con buenas herramientas, los errores humanos siguen siendo una causa común de filtraciones.

1. Verifica Siempre los Destinatarios
   Confirma la dirección antes de enviar. Muchos errores ocurren por autocompletado.
2. Ten Cuidado con "Responder a Todos"
   Un correo sensible puede terminar compartido con demasiadas personas.
3. Limita el Contenido Sensible
   Evita enviar contraseñas, datos bancarios o información privada directamente.
4. Usa Correos Autodestructivos
   Algunas plataformas permiten establecer expiración o límites de acceso.
5. Detecta Rastreadores Ocultos
   Algunos correos incluyen píxeles invisibles para monitorear aperturas. Herramientas como PixelBlock ayudan a evitarlos.
6. No Abras Archivos Sospechosos
   Confirma siempre con el remitente antes de abrir adjuntos inesperados.

Correo Seguro para Empresas

Si administras un negocio, proteger datos es una responsabilidad crítica.

Recomendaciones:

- Utiliza correo empresarial cifrado como ProtonMail Teams.
- Capacita a empleados sobre phishing y seguridad.
- Configura registros DKIM, SPF y DMARC para evitar falsificación de dominio.
- Revisa registros de acceso y reenvíos sospechosos.

Reflexión Final

El correo electrónico nunca será perfecto, pero puede hacerse mucho más seguro mediante herramientas adecuadas y mejores hábitos. No necesitas ser experto en ciberseguridad; solo debes ser consciente y proactivo.

Tu bandeja de entrada no tiene por qué ser tu punto más débil. Puede convertirse en tu primera línea de defensa.

El Reenvío Que Nunca Debió Ocurrir

Elliot era gerente de operaciones en una empresa inmobiliaria en rápido crecimiento. Su trabajo giraba alrededor de documentos: contratos, reportes de tasación, confirmaciones bancarias e identificaciones personales.

El correo electrónico era el centro de todo.

Una mañana de jueves, Elliot se apresuraba para enviar un calendario de cierre actualizado a una compañía de títulos. Sin darse cuenta, adjuntó el archivo equivocado: un documento con información financiera privada de otro cliente.

Y lo empeoró al hacer clic en “Responder a Todos”.

El correo terminó enviado a más de una docena de personas que no debían verlo.

Cinco minutos después sonó el teléfono.

“Elliot... ¿por qué recibí la información privada de otro cliente?”

Se quedó congelado.

Abrió la carpeta de enviados y sintió un vacío en el pecho. Había cometido un enorme error de privacidad.

Intentó recuperar el mensaje, pero ya era tarde.

Algunos ya lo habían abierto. Otros lo habían reenviado.

La información estaba fuera de control.

Pasó el resto del día llamando a clientes, disculpándose y presentando un reporte formal.

Pero el problema no terminó ahí.

Durante la auditoría, descubrieron algo peor: sus correos no estaban cifrados.

Documentos financieros y legales se enviaban sin protección.

Los PDFs no tenían contraseña.

Compartía enlaces en la nube sin expiración ni restricciones.

Incluso había un correo de phishing que casi abrió la semana anterior.

La empresa reaccionó rápidamente.

Todos los gerentes debían migrar a plataformas seguras con cifrado de extremo a extremo.

Elliot aprendió a utilizar Proton Mail, proteger adjuntos y compartir contraseñas por canales separados.

Desde entonces, adoptó nuevas reglas:

- Revisar destinatarios tres veces antes de enviar.
- No almacenar documentos sensibles en carpetas inseguras.
- Usar enlaces temporales y permisos limitados.
- Agregar avisos de confidencialidad.

Semanas después, Elliot compartió su experiencia con el equipo.

"No pensé que el mayor riesgo fuera yo mismo," dijo. "Confiaba demasiado en mis hábitos."

Ahora entendía algo importante:

La seguridad no depende solo de herramientas.

También depende de la disciplina con la que compartes información.

Desde entonces, Elliot dejó de ser solo gerente. Se convirtió en guardián de la privacidad digital de su empresa.

Capítulo 6: Uso Seguro del Wi-Fi Público y Seguridad de Dispositivos Portátiles

El Wi-Fi público está en todas partes: cafeterías, hoteles, aeropuertos, centros comerciales e incluso aviones. Aunque ofrece comodidad y conectividad, también representa uno de los riesgos de seguridad más peligrosos para tus datos. Cada vez que conectas tu teléfono, tableta o laptop a una red pública, abres una posible ventana para que los ciberdelincuentes observen tu vida digital.

Y el riesgo no termina con el Wi-Fi. La forma en que administras tus dispositivos portátiles —desde conectarte automáticamente a redes abiertas hasta dejar la pantalla desbloqueada— puede fortalecer tu estrategia de ciberseguridad o destruirla por completo.

En este capítulo aprenderás a usar Wi-Fi público de forma segura, proteger tus dispositivos móviles y evitar convertirte en un blanco fácil en un entorno digital muy expuesto.

¿Por Qué el Wi-Fi Público Es Riesgoso?

Las redes públicas son convenientes, pero la mayoría no está cifrada, lo que significa que los datos transmitidos pueden ser interceptados. Peor aún, estas redes pueden ser falsificadas. Un atacante puede crear una red que imite a una legítima, como "Free_Airport_WiFi", para engañar a los usuarios y hacer que se conecten.

Una vez conectado, un hacker puede:

- Interceptar credenciales de acceso y correos electrónicos.
- Robar cookies y tokens de sesión.
- Inyectar scripts maliciosos en sitios web.
- Redirigirte a páginas de phishing.
- Instalar malware en tu dispositivo.

Incluso si visitas sitios cifrados con HTTPS, ciertos datos —como solicitudes DNS, metadatos de sesión y cargas de archivos— pueden seguir siendo vulnerables sin protección adicional.

Cómo Usar Wi-Fi Público de Forma Segura

Para reducir riesgos, sigue este enfoque por capas:

1. Usa una VPN — Siempre
   Una VPN cifra tu tráfico y oculta tu dirección IP. Es tu defensa más fuerte en redes públicas. Algunas opciones confiables incluyen:

- Proton VPN
- NordVPN
- ExpressVPN

2. Desactiva la Conexión Automática
   Evita que tu dispositivo se conecte automáticamente a redes abiertas.
3. Verifica el Nombre de la Red
   Pregunta al personal cuál es el nombre exacto. Redes con nombres similares pueden ser trampas.
4. Desactiva Funciones de Compartición
   Deshabilita compartir archivos, impresoras y detección de dispositivos.
5. Usa HTTPS Siempre Que Sea Posible
   Activa conexiones seguras y utiliza herramientas que obliguen a usar HTTPS.
6. Evita Acceder a Cuentas Sensibles
   No ingreses a banca, correo o sistemas laborales en redes públicas sin una VPN.
7. Activa Autenticación de Dos Factores
   La autenticación adicional reduce el daño si tus credenciales son robadas.

Buenas Prácticas para la Seguridad de Dispositivos Portátiles

Tus dispositivos viajan contigo constantemente, pero ¿realmente están protegidos?

1. Bloquea tus Dispositivos
   Usa biometría, PIN fuerte o contraseña compleja.
2. Activa el Cifrado Completo del Disco
   En Windows puedes usar BitLocker y en Mac FileVault.
3. Mantén el Software Actualizado
   Las vulnerabilidades antiguas son objetivos fáciles.
4. Activa Funciones de Borrado Remoto
   Usa "Find My Device" o herramientas equivalentes.
5. Apaga Bluetooth y NFC Cuando No Los Uses
   Reducen la superficie de ataque.
6. Evita Cargar en Puertos USB Públicos
   Pueden utilizarse para ataques conocidos como "juice jacking".

Alternativas Más Seguras al Wi-Fi Público

Para quienes viajan frecuentemente, un hotspot portátil o tethering desde el teléfono es una mejor alternativa. Esto proporciona una conexión privada y reduce riesgos.

También existen routers VPN de viaje que crean redes seguras dentro de hoteles o coworkings.

Checklist de Seguridad Móvil

- Usa VPN siempre en redes públicas
- Protege la pantalla con contraseña o biometría
- Cifra tus dispositivos
- Actualiza software regularmente
- Desactiva funciones inalámbricas innecesarias
- Nunca dejes dispositivos desatendidos
- Activa rastreo y borrado remoto
- Instala apps solo desde tiendas oficiales
- No abras enlaces sospechosos
- Haz copias de seguridad periódicas

Reflexión Final

Tu vida digital es portátil, pero también lo son los riesgos. Ya sea que trabajes desde una cafetería, un avión o un aeropuerto, tu dispositivo es un objetivo atractivo.

No necesitas evitar el Wi-Fi público.

Solo necesitas usarlo con inteligencia.

Tus datos, tu identidad y tu trabajo viajan contigo. Asegúrate de que lleguen seguros.

Una Conexión Wi-Fi Gratuita Que Costó Miles

Ravi acababa de aterrizar en New York City para asistir a una conferencia. Como desarrollador web freelance, planeaba trabajar desde el hotel, cafeterías y salas VIP del aeropuerto.

Al registrarse en el hotel, recibió el nombre de la red Wi-Fi: "GrandMetro_Guest".

Pero al revisar las redes disponibles, vio primero "GrandMetro_FreeWiFi" y se conectó.

No requería contraseña.

Parecía conveniente.

Revisó su correo, ingresó a su banco, actualizó sitios de clientes y envió facturas.

A la mañana siguiente comenzó la pesadilla.

Su banco llamó: se habían realizado dos retiros grandes desde otro país.

Ravi quedó paralizado.

Revisó la red.

No era la oficial.

Había conectado a una red falsa creada por un atacant cercano.

El hacker ejecutó un ataque “man-in-the-middle”, capturand sesiones, cookies y credenciales.

Ravi había entregado acceso a:

- Su banco
- Su correo
- Plataformas de gestión de proyectos
- Almacenamiento en la nube

Peor aún, el atacante restableció su correo y obtuvo acceso otras cuentas.

Un cliente incluso recibió una factura falsa.

Durante días, Ravi tuvo que:

- Congelar cuentas
- Cambiar contraseñas
- Crear nuevos métodos de autenticación
- Informar a clientes

Todo por una conexión Wi-Fi equivocada.

Después del incidente, Ravi cambió completamente:

- Activó una VPN automática
- Instaló extensiones de privacidad
- Dejó de guardar contraseñas en el navegador
- Empezó a usar un administrador de contraseñas

También reforzó la seguridad de su laptop:

- Conexión automática desactivada
- Compartición deshabilitada
- Cifrado habilitado
- Borrado remoto activado

Ahora viaja con hotspot portátil y evita confiar en redes abiertas.

Su consejo es simple:

"Si es gratis y abierto, asume que alguien está observando."

Lo que le costó miles de dólares y casi dañó su reputación profesional pudo evitarse con precaución y herramientas adecuadas.

Hoy, Ravi trata cada dispositivo como una llave hacia su vida digital.

Porque eso es exactamente lo que son.

Capítulo 7: Evitar Enlaces Maliciosos, Ventanas Emergentes y Descargas Peligrosas

Cada segundo se lanzan miles de ciberataques en internet, y muchos comienzan con una acción simple: un clic. Hacer clic en un enlace malicioso, una ventana emergente engañosa o una descarga disfrazada puede provocar consecuencias devastadoras, desde infecciones de malware hasta robo completo de identidad.

Lo que hace que estos ataques sean tan peligrosos es lo normales que parecen. Una ventana emergente que advierte sobre un "virus en tu computadora", una notificación que dice "Tu reproductor Flash está desactualizado" o un archivo adjunto llamado "Resume.pdf" pueden parecer inofensivos e incluso útiles. Pero detrás de ellos se esconden trampas diseñadas para hacer que invites el peligro a tu dispositivo.

Este capítulo te mostrará cómo reconocer, evitar y defenderte de estas amenazas digitales antes de que un solo clic cause daños permanentes.

Cómo Comienzan los Ataques

Los hackers ya no necesitan forzar la entrada a tu sistema. En lugar de eso, utilizan ingeniería social: manipulan a las personas para que actúen.

Los puntos de entrada más comunes incluyen:

- Enlaces de phishing en correos electrónicos, mensajes de texto y redes sociales
- Ventanas emergentes maliciosas en sitios sospechosos o aparentemente legítimos
- Botones falsos de descarga en páginas de software o archivos compartidos
- Descargas automáticas ("drive-by downloads") que instalan malware sin necesidad de clic
- Falsas actualizaciones de software
- Secuestro de notificaciones del navegador

Todos estos ataques tienen algo en común: necesitan tu interacción. Por eso, la conciencia es tu mejor defensa.

Cómo Identificar Enlaces Maliciosos

Incluso usuarios experimentados pueden ser engañados por enlaces convincentes.

1. Pasa el Cursor Antes de Hacer Clic
   Observa el destino real del enlace antes de abrirlo.

2. Revisa Errores y Dominios Falsos

   Los atacantes crean dominios casi idénticos:

- g00gle.com
- paypaI.com
- micr0soft-support.net

3. Evita Enlaces en Mensajes Sospechosos

   Aunque provengan de alguien conocido, verifica antes de confiar.

4. Usa Escáneres de Enlaces

   Herramientas como VirusTotal, Google Safe Browsing o Norton Safe Web ayudan a verificar enlaces.

Cómo Defenderte de Pop-Ups y Redirecciones

Las ventanas emergentes suelen utilizar miedo para manipularte:

"¡Tu computadora está infectada! Haz clic aquí para solucionarlo."

Estas tácticas buscan instalar malware o redirigirte a estafas.

Consejos:

- Nunca hagas clic dentro de un pop-up sospechoso
- Cierra la pestaña o fuerza el cierre del navegador
- Activa el bloqueador de ventanas emergentes

- Evita sitios que generan muchas redirecciones

Herramientas como uBlock Origin y Privacy Badger ayudan a bloquear estas amenazas.

Cómo Descargar Archivos de Forma Segura

Muchos ataques esconden malware dentro de descargas.

Archivos comunes utilizados:

- PDFs
- Documentos Word o Excel
- Archivos ZIP o RAR
- Instaladores de software
- Ebooks o plantillas "gratuitas"

Hábitos seguros:

- Descarga solo desde sitios oficiales
- Revisa extensiones de archivo (.exe, .bat, .js pueden ser peligrosos)
- Escanea archivos antes de abrirlos
- Evita botones falsos de "Download"
- Desactiva vistas previas automáticas en correos

Herramientas Avanzadas de Protección

Puedes mejorar tu seguridad usando:

- Navegadores aislados como BitBox o Island
- Filtros web como Cisco Umbrella o Cloudflare Gateway
- Antivirus avanzados con monitoreo de comportamiento

Reglas Finales Para Recordar

- No confíes automáticamente en enlaces o descargas
- Que un sitio se vea profesional no significa que sea seguro
- Evita software pirata o crackeado
- Mantén navegador y sistema actualizados
- Desconfía de mensajes urgentes

Reflexión Final

Los ciberdelincuentes no necesitan romper tus defensas; solo necesitan que los invites.

Un mal enlace.
Un clic equivocado.
Una descarga descuidada.

Eso es suficiente.

Pero con conocimiento y hábitos inteligentes, puedes navegar con seguridad.

Internet está lleno de puertas.

Solo asegúrate de no abrir la equivocada.

Un Solo Clic

Carlos era diseñador gráfico y trabajaba hasta tarde. Buscaba paquetes gratuitos de fuentes para mejorar una presentación.

Encontró un blog atractivo con el título:

“Top 50 Fuentes Gratis para Creativos”.

Había un botón verde brillante:

“Descargar Todas las Fuentes en ZIP”.

Carlos hizo clic.

El archivo se descargó rápidamente.

Dentro había múltiples carpetas... y un archivo llamado “FontInstaller.exe”.

Pensó que era un instalador útil.

Lo ejecutó.

Entonces comenzaron los problemas.

Su navegador se congeló.

Luego aparecieron ventanas emergentes.

Alertas falsas de virus.

Anuncios invasivos.

Incluso sin conexión.

Reinició la laptop.

Ahora tardaba más en arrancar.

El fondo de pantalla había cambiado.

El antivirus estaba desactivado.

Algo estaba mal.

Un amigo experto en tecnología confirmó el problema:

Carlos había instalado adware, spyware y posiblemente un keylogger.

El archivo era un troyano.

Eliminó gran parte del malware, pero ya era tarde.

Días después:

- Su banco reportó intentos de acceso
- Su cuenta de PayPal fue bloqueada temporalmente
- Se enviaron correos desde su cuenta sin autorización
- Algunas contraseñas fueron comprometidas

Lo que más le sorprendió fue lo silencioso que fue el ataque.

Todo ocurrió con un solo clic.

El sitio parecía profesional.

Incluso tenía buena posición en buscadores.

Pero el botón de descarga era falso.

Después del incidente, Carlos cambió completamente:

- Dejó de descargar archivos de sitios desconocidos
- Escaneaba enlaces y archivos con VirusTotal
- Instaló uBlock Origin y NoScript
- Contrató un antivirus confiable
- Evitó "atajos gratuitos"

Aprendió a pasar el cursor antes de hacer clic.

Aprendió a desconfiar hasta verificar.

Ahora advierte a clientes y amigos:

"Si un botón es llamativo y urgente, probablemente sea una trampa."

El precio fue alto.

Pero la lección fue invaluable.

Las amenazas más peligrosas rara vez parecen peligrosas.

Suelen disfrazarse de regalos, herramientas o descargas gratuitas.

Ahora, cada vez que Carlos abre su navegador, lo hace con más cautela y mucha más sabiduría.

Capítulo 8: Protege tus Cuentas en Línea con Contraseñas Fuertes y Autenticación de Dos Factores (2FA)

Tus contraseñas son las llaves de tu vida digital. Protegen tu correo electrónico, tus redes sociales, cuentas bancarias, almacenamiento en la nube e incluso el acceso a tu trabajo. Sin embargo, muchas personas continúan utilizando contraseñas débiles, repetidas o fáciles de adivinar, y basta una sola vulnerabilidad para provocar una reacción en cadena que comprometa por completo su seguridad digital. En la actualidad, las contraseñas siguen siendo uno de los puntos más importantes dentro de la ciberseguridad porque, aunque existen herramientas avanzadas de protección, la mayoría de los ataques comienzan con credenciales robadas o reutilizadas. Muchas personas usan la misma contraseña para varias cuentas, almacenan sus claves en navegadores inseguros o crean combinaciones simples basadas en fechas de nacimiento, nombres o palabras fáciles de recordar. Cuando una contraseña aparece en una filtración de datos, los atacantes prueban esa misma combinación en múltiples plataformas, esperando que funcione en cuentas de correo, bancos, redes sociales y servicios de almacenamiento.

Una contraseña fuerte no solo debe ser larga, sino también aleatoria, compleja y completamente única. Las mejores contraseñas tienen entre doce y dieciséis caracteres o más, combinan letras mayúsculas y minúsculas, incluyen números y caracteres especiales, y evitan cualquier dato personal que pueda ser descubierto fácilmente. Contraseñas como "Summer2024" o "Password123" son extremadamente vulnerables porque siguen patrones comunes que los programas automáticos pueden descifrar en segundos. Por el contrario, una contraseña segura parece una secuencia sin sentido, como "R@w7#LpV!e3zQ!9m". Muchas personas creen que deben memorizar todas sus contraseñas, pero eso no es práctico ni recomendable. Por esta razón existen los administradores de contraseñas, herramientas diseñadas para generar, guardar y autocompletar credenciales únicas para cada cuenta.

Los administradores de contraseñas funcionan como una bóveda digital cifrada. Solo necesitas recordar una contraseña maestra, y el programa se encarga de almacenar el resto. Herramientas como Bitwarden, 1Password, Dashlane, NordPass y Keeper permiten crear contraseñas seguras y mantenerlas protegidas mediante cifrado avanzado. Además, muchos de estos servicios incluyen informes de seguridad que muestran qué contraseñas son débiles, cuáles se han reutilizado y si alguna cuenta podría haber sido expuesta en una filtración pública. Usar un administrador de contraseñas reduce drásticamente el riesgo de ataques de fuerza bruta o de credential stuffing, donde los hackers prueban combinaciones robadas en diferentes sitios web.

Además de las contraseñas fuertes, existe otra capa esencial de seguridad: la autenticación de dos factores o 2FA. Esta medida añade un segundo paso de verificación, lo que significa que incluso si alguien descubre tu contraseña, todavía necesitará una confirmación adicional para acceder a la cuenta. Este segundo factor puede ser un código temporal generado por una aplicación, una notificación enviada a tu teléfono, un mensaje SMS o incluso una llave física de seguridad. Las aplicaciones TOTP, como Google Authenticator, Authy o Microsoft Authenticator, generan códigos temporales que cambian constantemente y ofrecen un nivel de protección mucho mayor que los mensajes de texto tradicionales. También existen sistemas de autenticación push, donde apruebas el acceso directamente desde tu dispositivo móvil. Para quienes buscan máxima seguridad, herramientas físicas como YubiKey o Titan Security Key ofrecen una defensa extremadamente sólida porque requieren una llave física conectada al dispositivo.

Asegurar tus cuentas debe convertirse en un proceso estructurado. El primer paso consiste en instalar un administrador de contraseñas y crear una contraseña maestra fuerte. Luego, es recomendable cambiar primero las contraseñas más sensibles: correo electrónico, banca en línea, almacenamiento en la nube y cuentas laborales. Después, debes activar la autenticación de dos factores en todas las plataformas importantes. El correo electrónico debe ser siempre la prioridad, ya que quien controla tu correo puede restablecer el acceso a muchas otras cuentas. También es fundamental verificar siempre las direcciones web antes de iniciar sesión. Los atacantes suelen crear páginas falsas que imitan servicios reales para robar credenciales. Evitar hacer clic en enlaces de inicio de sesión enviados por correo es una excelente práctica; lo más seguro es escribir manualmente la dirección del sitio web.

Otra herramienta útil para fortalecer tu seguridad es verificar si tus credenciales han aparecido en filtraciones públicas. Sitios especializados permiten consultar si una dirección de correo ha sido expuesta en bases de datos comprometidas. Si descubres que una cuenta fue afectada, debes cambiar inmediatamente la contraseña, asegurarte de no reutilizarla en otros servicios y activar autenticación adicional. Este hábito de monitoreo es importante porque muchas personas desconocen que sus datos ya están circulando en foros de hackers o mercados clandestinos.

Tus cuentas son tan seguras como la contraseña más débil que utilizas. No basta con esperar que nunca seas objetivo de un ataque. En realidad, todos somos posibles blancos. La diferencia está en qué tan difícil haces el trabajo para un atacante. Con contraseñas únicas, un administrador de credenciales y autenticación de dos factores, puedes cerrar la puerta a muchos de los ataques más comunes. No necesitas memorizar cientos de combinaciones complejas. Solo necesitas adoptar las herramientas correctas y convertir la seguridad en un hábito diario.

Jenna era propietaria de una boutique en línea exitosa y administraba todo su negocio desde una laptop. Inventario, pedidos, pagos, campañas de marketing y correos electrónicos estaban conectados a través de distintas plataformas digitales. Su negocio parecía moderno y eficiente, pero su estrategia de contraseñas era extremadamente vulnerable. Usaba la misma contraseña para casi todo: correo electrónico, tienda en línea, PayPal, redes sociales y alojamiento web. La combinación era fácil de recordar y le parecía conveniente porque evitaba tener que memorizar múltiples claves.

Un día recibió un correo aparentemente enviado por su proveedor de hosting. El mensaje indicaba que su dominio estaba por expirar y que debía iniciar sesión inmediatamente para evitar perder su sitio web. El diseño parecía auténtico, el logotipo coincidía y el enlace parecía legítimo. Sin pensarlo demasiado, hizo clic e ingresó sus credenciales. Lo que Jenna no sabía era que había ingresado a una página falsa creada para capturar usuarios y contraseñas.

En cuestión de minutos, un atacante accedió a su panel de hosting, modificó la configuración DNS y redirigió su sitio web hacia una página fraudulenta. Los clientes comenzaron a ingresar información de pago en un portal controlado por el atacante. Cuando Jenna se dio cuenta, ya era demasiado tarde. Intentó acceder a sus cuentas, pero la contraseña había sido cambiada. Luego descubrió algo aún peor: como utilizaba la misma contraseña para todo, el atacante pudo acceder a su correo electrónico y usarlo para restablecer credenciales en otras plataformas.

Su cuenta de pagos fue comprometida, se realizaron transacciones fraudulentas y sus redes sociales comenzaron a publicar contenido no autorizado. Algunos clientes dejaron de confiar en su marca y otros cuestionaron si era seguro volver a comprar. Jenna pasó días intentando recuperar acceso, hablando con soporte técnico y verificando su identidad. El proceso fue agotador y dañó la reputación que había construido durante años.

Después de superar la crisis, decidió cambiar completamente su estrategia. Migró a un administrador de contraseñas, creó claves únicas y largas para cada cuenta, activó autenticación de dos factores en todas las plataformas importantes y dejó de almacenar credenciales en el navegador. También adquirió una llave física de seguridad para proteger sus accesos más críticos.

Con el tiempo, Jenna comenzó a compartir su experiencia con otros emprendedores. Les explicaba que la ciberseguridad no era un detalle técnico secundario, sino una parte esencial del negocio. Comprendió que un solo inicio de sesión débil puede abrir la puerta a múltiples ataques y que la comodidad nunca debe estar por encima de la seguridad. Ahora enseña que proteger contraseñas no es paranoia; es una forma inteligente de proteger todo lo que has construido.

Capítulo 9: Limpiando y Protegiendo Tu Huella Digital

Cada acción que realizas en internet —cada búsqueda, cada inicio de sesión, cada publicación en redes sociales— deja un rastro digital. Esa es tu huella digital y, con el tiempo, se convierte en un perfil poderoso que otros, como anunciantes, empresas, gobiernos y ciberdelincuentes, pueden utilizar para rastrearte, dirigirse a ti e incluso manipularte. A medida que navegas, compras, comentas o compartes contenido, vas construyendo una imagen detallada de quién eres, qué te interesa, dónde estás y cómo te comportas en línea. Esta información puede parecer inofensiva cuando se observa de manera aislada, pero cuando se acumula durante años, se convierte en una representación extremadamente precisa de tu vida digital.

Tu huella digital incluye todos los datos que existen sobre ti en línea, tanto los recopilados de forma pasiva como los que compartes de manera activa. La recopilación pasiva incluye tu historial de navegación, dirección IP, geolocalización, fingerprinting del dispositivo, cookies, rastreadores y consultas realizadas en motores de búsqueda. Por otro lado, el intercambio activo incluye publicaciones en redes sociales, fotografías, etiquetas, comentarios en foros, reseñas, perfiles de cuentas, direcciones de correo electrónico, nombres de usuario y biografías. Con el paso del tiempo, esta información puede revelar hábitos de ubicación, preferencias personales, comportamiento financiero, opiniones, preocupaciones médicas y mucho más.

Tu huella digital importa porque afecta directamente la forma en que eres percibido y cómo interactúan contigo las plataformas digitales. Influye en la publicidad dirigida, la manipulación algorítmica, los riesgos de seguridad y tu reputación en línea. Las cuentas antiguas pueden convertirse en puertas abiertas para hackers, especialmente si contienen credenciales olvidadas o información personal. Compartir demasiado puede exponerte al robo de identidad, mientras que publicaciones antiguas o inapropiadas pueden afectar tu imagen profesional o personal. Además, existen empresas conocidas como brokers de datos que recopilan y venden información personal a terceros, creando perfiles detallados sobre millones de personas.

Mientras más información dejes expuesta, más fácil será para alguien explotarla, ya sea un anunciante, un estafador o un ciberdelincuente. Por ello, limpiar tu huella digital es una tarea importante. El primer paso consiste en buscarte a ti mismo utilizando motores de búsqueda. Busca tu nombre, números telefónicos, direcciones de correo y nombres de usuario para descubrir qué información pública aparece. Hacerlo desde modo incógnito o usando distintos motores de búsqueda te dará una visión más amplia.

También es recomendable eliminar o desactivar cuentas antiguas. Muchas personas olvidan perfiles creados hace años en sitios que ya no utilizan. Herramientas como JustDelete.me pueden ayudarte a localizar enlaces directos para eliminar cuentas de cientos de plataformas. Debes priorizar aquellas cuentas que ya no utilizas, contienen información financiera o personal, o estuvieron vinculadas a foros públicos y redes sociales.

Otra medida importante es eliminar tu información de sitios de brokers de datos. Servicios especializados pueden ayudarte a remover tus datos de directorios públicos donde aparecen nombres, direcciones, familiares y otra información privada. Aunque también puedes solicitarlo manualmente, el proceso suele consumir mucho tiempo.

Las redes sociales requieren especial atención. Revisar configuraciones de privacidad en plataformas como Facebook, Instagram, LinkedIn y X te permitirá limitar quién puede ver tus publicaciones. Es recomendable restringir la visibilidad solo a amigos, desactivar indexación pública y eliminar conexiones innecesarias con aplicaciones de terceros.

Además, cada aplicación instalada en tu teléfono representa una herramienta potencial de recopilación de datos. Si no has utilizado una app durante los últimos meses, probablemente sea mejor eliminarla. Revisa permisos y revoca acceso innecesario a contactos, ubicación, cámara o almacenamiento.

También es útil utilizar correos electrónicos alternativos o alias para registros en sitios secundarios. Plataformas como Proton Mail o funciones como "Hide My Email" de Apple ayudan a mantener tu dirección principal privada y reducen el spam.

La limpieza de tu huella digital no es algo que se hace una sola vez; debe convertirse en un hábito continuo. Auditar cuentas periódicamente, eliminar cookies, evitar compartir demasiada información y usar motores de búsqueda centrados en privacidad como DuckDuckGo puede ayudarte a mantener control sobre tu información. También es recomendable instalar herramientas como uBlock Origin, Privacy Badger y Decentraleyes para reducir rastreo y proteger tu navegación.

Una estrategia adicional consiste en crear una identidad digital separada para actividades públicas. Esto puede incluir un correo distinto, un nombre alternativo, perfiles de navegador independientes y ninguna conexión directa con cuentas personales. De esta forma puedes participar en foros, negocios o proyectos públicos sin comprometer tu identidad principal.

En la era digital, tú eres tus datos. Y si no administras activamente tu información, alguien más lo hará, generalmente con fines comerciales o de control. Reducir y limpiar tu huella digital te permite recuperar el control de tu identidad, minimizar riesgos y construir una experiencia digital más segura y tranquila. La idea es mantener únicamente aquello que realmente aporta valor y eliminar el resto.

Tanya siempre había sido activa en internet. Desde los días de MySpace, blogs antiguos, foros de viajes, cuentas de correo olvidadas y sitios de compras, dejó un extenso rastro digital sin pensarlo demasiado. Nunca se preocupó por lo que quedaba atrás, hasta que un día ese pasado comenzó a perseguirla.

Todo empezó con una llamada extraña de su compañía de tarjeta de crédito. Alguien intentó abrir una cuenta a su nombre en otro estado. Poco después recibió un correo indicando que una contraseña había sido cambiada en un servicio que apenas recordaba haber utilizado. Esto despertó sospechas y la llevó a buscar su nombre en internet.

Lo que encontró la dejó sorprendida. Había fotografías antiguas en plataformas de blogs que no utilizaba desde la universidad. Un perfil en un foro mostraba su nombre completo, fecha de nacimiento y ciudad natal. Encontró reseñas de viajes que incluían fechas exactas, hoteles visitados y hasta su correo electrónico público. Individualmente, estos datos parecían inofensivos, pero juntos representaban un mapa completo de su identidad.

También descubrió que su información aparecía en directorios de brokers de datos junto con direcciones antiguas, nombres de familiares e incluso estimaciones de ingresos. Otro sitio mostraba todas las redes sociales vinculadas a sus correos electrónicos.

Esa noche apenas pudo dormir.

A la mañana siguiente comenzó a limpiar su presencia digital. Eliminó cuentas antiguas usando JustDelete.me, solicitó eliminación de datos a servicios especializados y revisó cuidadosamente configuraciones de privacidad. Su perfil de Facebook había sido completamente público durante años, así que restringió publicaciones, eliminó etiquetas y borró contenido antiguo.

Cambió su buscador principal por DuckDuckGo, instaló uBlock Origin y Privacy Badger, creó correos alternativos y revisó todos sus accesos guardados.

Al final de la semana había eliminado más de treinta cuentas antiguas y limpiado gran parte de la información visible sobre ella. Sintió algo que no experimentaba desde hacía mucho tiempo: control.

Pero no se detuvo ahí. Convirtió este proceso en un hábito trimestral. Cada cierto tiempo revisa su nombre, elimina nuevos rastros digitales y mantiene su presencia en línea simple e intencional.

Cuando una amiga le preguntó por qué invertía tanto tiempo en ello, Tanya respondió:

"Porque cada dato es como una migaja de pan. Una sola no importa. Pero deja suficientes, y alguien puede seguir el camino hasta tu puerta."

Tanya no abandonó internet. Simplemente aprendió a usarlo bajo sus propias reglas. Los fantasmas de sus cuentas antiguas dejaron de perseguirla y fueron reemplazados por algo mucho más valioso: tranquilidad y control.

Capítulo 10: Creando un Plan de Ciberseguridad a Largo Plazo

A estas alturas ya has aprendido cómo navegar de forma segura, proteger tu correo electrónico, identificar ataques de phishing, asegurar tus dispositivos y limpiar tu huella digital. Pero la ciberseguridad no es una solución de una sola vez; es un estilo de vida. Al igual que la salud física o la estabilidad financiera, mantener la seguridad digital requiere un plan, hábitos constantes y una mentalidad de mejora continua.

En esta etapa final, el objetivo es unir todo lo aprendido para construir una estrategia de ciberseguridad a largo plazo: un sistema práctico que proteja tus datos personales, se adapte a nuevas amenazas y te permita utilizar internet con confianza durante muchos años.

El primer paso consiste en identificar qué necesitas proteger. Cada persona tiene una vida digital distinta, pero generalmente existen activos fundamentales como el correo electrónico personal, cuentas bancarias, inversiones, billeteras digitales, almacenamiento en la nube, dispositivos, redes sociales, dominios web y credenciales de acceso. Una vez que identifiques estos elementos, debes evaluar qué ocurriría si fueran hackeados, eliminados o filtrados. Esto te ayudará a priorizar tus esfuerzos y enfocar tu protección en lo más importante.

La seguridad funciona mejor cuando se construye en capas. No existe una única herramienta capaz de protegerte completamente, pero combinar varias defensas crea una barrera muy difícil de atravesar. Contraseñas únicas, autenticación de dos factores, administradores de contraseñas, VPN, antivirus, navegadores orientados a la privacidad, cifrado completo del disco, almacenamiento seguro en la nube, firewalls y actualizaciones constantes son piezas que trabajan juntas. Cada capa es como una puerta cerrada. Mientras más puertas existan, más difícil será para un atacante alcanzar lo que busca.

La ciberseguridad también requiere mantenimiento regular. Así como revisas tus finanzas o limpias tu hogar, tus hábitos digitales deben convertirse en una rutina. Cada mes puedes verificar actualizaciones de software, revisar extensiones instaladas, ejecutar análisis antimalware, borrar cookies y revisar registros de actividad de tus herramientas de seguridad. Cada trimestre conviene cambiar contraseñas críticas, revisar configuraciones de autenticación, buscar tu nombre en internet, eliminar cuentas antiguas y confirmar que tus respaldos y cifrado estén funcionando correctamente.

También es importante prepararte para lo peor antes de que suceda. Muchas personas reaccionan únicamente después de sufrir una filtración o ataque. Tener un plan de emergencia digital puede marcar una gran diferencia. Esto implica realizar copias de seguridad siguiendo reglas seguras, guardar códigos de recuperación fuera de línea, conocer cómo bloquear cuentas bancarias y correos rápidamente, y practicar la restauración de archivos para evitar el caos en caso de pérdida o secuestro de datos.

El aprendizaje continuo también forma parte esencial de una estrategia sólida. Las amenazas evolucionan constantemente. Mantenerte informado sobre nuevas estafas, ataques y tendencias puede ayudarte a anticiparte. Leer noticias especializadas, seguir alertas de seguridad y capacitar a familiares o compañeros de trabajo reduce significativamente los riesgos. Muchas veces, el eslabón más débil no es la tecnología, sino las personas.

Una buena práctica consiste en crear un conjunto básico de herramientas de confianza que puedas usar en todos tus dispositivos. Esto puede incluir un administrador de contraseñas como Bitwarden, aplicaciones de autenticación como Authy, VPN como NordVPN o Proton VPN, navegadores centrados en privacidad como Brave o Mozilla Firefox, herramientas anti-malware como Malwarebytes o Bitdefender, buscadores privados como DuckDuckGo y correo cifrado como Proton Mail o Tutanota. También es útil utilizar servicios DNS privados como Cloudflare 1.1.1.1 o NextDNS.

La ciberseguridad no debe verse como miedo, sino como libertad. Internet puede impulsar tu trabajo, relaciones, creatividad y estilo de vida, pero solo si lo utilizas de forma consciente. Construir un plan de seguridad a largo plazo significa proteger tu futuro y reducir la ansiedad asociada con amenazas digitales.

No necesitas ser perfecto. Solo necesitas mantenerte un paso adelante.

Mark siempre se consideró una persona con conocimientos tecnológicos. Dirigía un negocio de comercio electrónico exitoso, trabajaba con un equipo remoto y gestionaba clientes en diferentes zonas horarias. Creía que tenía suficiente sentido común para mantenerse seguro.

Todo cambió el día en que su cuenta empresarial de PayPal fue hackeada.

El ataque ocurrió silenciosamente. No hubo alertas. No hubo advertencias.

Una mañana abrió su bandeja de entrada y encontró una confirmación de transferencia por seis mil dólares. El mensaje era legítimo, enviado desde su cuenta empresarial, pero él nunca autorizó ese movimiento.

Ingresó rápidamente y encontró varias transacciones pendientes hacia proveedores extranjeros. Aunque logró congelar la cuenta, el dinero ya había desaparecido.

Al principio pensó que alguien había adivinado su contraseña. Creía que era fuerte. Sin embargo, descubrió que la había reutilizado en varias plataformas. Meses antes, una herramienta de redes sociales había sufrido una filtración y sus credenciales quedaron expuestas. Los atacantes probaron automáticamente esas mismas combinaciones en otros servicios, y funcionó.

Lo que más lo frustró fue darse cuenta de que nunca había activado autenticación de dos factores y que su correo principal utilizaba la misma contraseña.

El atacante aprovechó esa debilidad para acceder brevemente a su correo y restablecer credenciales de otras plataformas.

Mark reaccionó rápidamente. Cambió contraseñas, activó autenticación adicional y comenzó a usar un administrador de contraseñas. Implementó bloqueos biométricos, instaló una

VPN y empezó a reforzar la seguridad de todos sus dispositivos.

Pero fue más allá.

Creó un sistema que llamó “plan de resiliencia digital”. Programó copias de seguridad semanales, almacenó códigos de recuperación fuera de línea y organizó revisiones mensuales de seguridad con su equipo. Incluso diseñó simulacros internos para practicar qué hacer si alguna cuenta era comprometida.

Con el tiempo comprendió algo importante: la ciberseguridad no es algo que se arregla después de una crisis. Es algo que se construye antes de que ocurra.

Mirando atrás, entendió que el ataque no solo le costó dinero. También perdió tiempo, confianza y tranquilidad.

Pero ganó algo aún más valioso: un sistema.

Ya no dependía de la suerte.

Construyó capas de protección.

Refuerzo de navegador.

Contraseñas rotativas.

Bloqueo de autocompletado.

Mayor control.

Cuando un amigo emprendedor le preguntó si todo ese esfuerzo realmente valía la pena, Mark respondió:

"Puedes construir un negocio millonario y perderlo en una sola noche si dejas la puerta abierta. Ahora reviso cada cerradura dos veces."

Su conclusión fue clara:

No necesitas ser un genio tecnológico para estar seguro.

Solo necesitas disciplina, constancia y preparación.

Porque las amenazas existen.

Pero también existe tu capacidad para detenerlas.

La Defensa Digital Es una Práctica Diaria

Si has llegado hasta aquí, felicitaciones: has dado un gran paso hacia la protección de tu vida digital. Al leer este libro, has ido más allá de una simple conciencia superficial y has entrado en el verdadero mundo de la autodefensa digital. Y la verdad es sencilla: la ciberseguridad no es solo para expertos; es para todos.

Hoy, tu navegador es tu sucursal bancaria. Tu correo electrónico es tu archivador. Tu teléfono es tu identificación. Las líneas entre tu mundo digital y tu vida real prácticamente han desaparecido. Todo está conectado, y todo está expuesto, a menos que decidas protegerlo.

A lo largo de estos diez capítulos, has aprendido cómo funcionan realmente las amenazas más comunes: phishing, suplantación, rastreo, spyware, Wi-Fi inseguro, contraseñas débiles y cuentas olvidadas. También has aprendido cómo responder mediante herramientas, sistemas y hábitos que te devuelven el control.

Pero este camino no termina aquí.

Al igual que tu salud física, la ciberseguridad necesita mantenimiento constante. Te cepillas los dientes todos los días. Cierras la puerta de tu casa. Revisas tus estados de cuenta. Tu seguridad digital merece el mismo ritmo, la misma atención y el mismo respeto.

Ninguna herramienta puede reemplazar la vigilancia. Ninguna aplicación puede protegerte de un clic impulsivo o de ignorar una advertencia importante. La tecnología seguirá evolucionando, y también lo harán las tácticas de quienes buscan explotarla. Por eso, tu mentalidad es tan importante como las herramientas que utilizas.

Aquí tienes tu lista final: la mentalidad de alguien que domina la seguridad digital.

Protejo lo que valoro.
Me mantengo informado sin sentirme abrumado.
Actualizo, respaldo y verifico.
Pienso antes de hacer clic.
Entiendo que la privacidad es poder y elijo conservarla.

No necesitas ser perfecto. No tienes que cifrar toda tu vida ni memorizar largas cadenas de código. Pero sí necesitas preocuparte lo suficiente como para actuar. Porque la diferencia entre alguien que es hackeado y alguien que no lo es, muchas veces depende de una sola decisión inteligente.

Activa la autenticación de dos factores. Usa un administrador de contraseñas. Piensa dos veces antes de hacer clic. Verifica al remitente. Mantén tu software actualizado. Enseña a otros lo que has aprendido.

Porque la ciberseguridad no se trata solo de proteger tus dispositivos; se trata de proteger tu libertad, tu futuro y tu tranquilidad.

Permite que este sea tu punto de inflexión.

Ya no eres un usuario pasivo de la tecnología; ahora eres alguien preparado.

Mantente privado. Mantente alerta. Mantente libre.

Y recuerda: la defensa más fuerte es la que nace del conocimiento.

www.ingramcontent.com/pod-product-compliance
Ingram Content Group UK Ltd.
Pitfield, Milton Keynes, MK11 3LW, UK
UKHW020158290926
15471UKWH00005B/929

9 798295 858482